알록달록 첫 세계사 12

왕의 나라에서
국민의 나라로

혁명의 시대

박선희 · 이성호 글

이경석 그림

상상정원

십자군 전쟁, 백년 전쟁, 종교 전쟁 등
전쟁을 치르면서 국가와 정부의 힘은 점점 커져 갔어.
정부는 나라를 다스릴 유능한 관리들을 뽑고
명령에 따라 나라를 지킬 군대를 만들었어.

도시에 사는 상인과 수공업자들도 정부 편에 섰어.
여러 귀족에게 세금을 바치고 간섭을 받느니
차라리 하나의 정부가 다스리기를 바랐거든.
정부도 관리를 두고 군대를 유지하려면
돈이 많이 필요했기 때문에 상업과 수공업을 보호했어.

특히 프랑스의 왕은
한편으로 시민들의 지지를 얻고
다른 한편으로는 귀족들을 보듬으면서
강력한 정책을 펼쳐 나갔어.
그리고 왕의 권력은 신으로부터 받았으니
절대적인 것이라 주장했어.

에스파냐는 아메리카에서 가져온 금과 은으로
강한 해군을 만들어 대서양을 누볐어.
누구에게도 지지 않는다고 '무적함대'라 불렸지.

엘리자베스 1세가 다스리던 영국은
에스파냐의 무적함대를 물리치고
바다의 강국으로 우뚝 섰어.

사회도 그렇게 바꿔야 한다는 주장도 나왔어.

인간은 이치에 맞게 생각하는 능력이 있어.

낡은 생각을 고쳐서 좀 더 살기 좋게 바꾸자.

인간은 누구나 자유롭고 평등하게 태어났어.

나라는 왕의 것이 아니라, 우리를 지키기 위해 있는 거야.

말할 수 있는 자유, 글로 써 낼 수 있는 자유가 있어야지.

왕 한 사람이 마음대로 할 수 없도록

나라를 다스리는 일을 나누어야 해.

이런 생각들이 퍼져 나가면서

절대적인 왕의 권력에 도전하는 움직임이 생겨났어.

영국에는 예전부터 의회가 있었어.

귀족 대표들이 모여서 나랏일을 의논했지.

시간이 지나면서 땅이 많은 사람들도 의회에 들어갔어.

이들 중에는 칼뱅의 주장을 받아들인 크리스트교도가 많았는데

이 사람들을 **청교도**라고 불러.

왕을 몰아내자~

왕이 의회를 무시하고 왕 마음대로 하려고 하자
의회에서는 불만이 터져 나왔어.
전쟁을 하기 위해 돈이 필요해진 왕이 의회를 열자
의원들은 세금을 함부로 걷지 말라며 왕에게 항의를 했어.
왕은 화가 나서 의회의 문을 닫으려 했고
의회는 왕에 맞서 싸우기로 했어.
왕 편과 의회 편으로 나뉘어 전쟁을 한 끝에
청교도가 이끄는 의회 편이 이겼어.
그리고 왕을 처형해 버렸지.

이제 영국에는 왕이 없어지고 **공화정**이 실시되었어.

의회 편을 이끌었던 크롬웰이 영국을 다스렸지.

크롬웰은 아주 엄격하게 깨끗한 종교 생활을 강요했어.

춤도 추면 안 되고, 술도 마시면 안 되고, 놀이도 금지야.

노래는 찬송가만 부를 수 있었어.

사람들은 숨이 막혔지.

크롬웰이 죽자 영국은 다시 왕이 다스리는 나라로 돌아갔어.

새로운 왕이 또 나라를
자기 마음대로 다스리려 하자
의회는 그를 쫓아내고 새로운 왕을 모셔 왔어.
그리고 나랏일을 의회에 맡기라고 요구했지.
왕은 이를 허락할 수밖에 없었어.

이제 영국은 왕이 있지만
의회가 법에 따라 나라를 다스리게 되었어.
이런 나라를 **입헌 군주국**이라고 해.
다른 나라보다 일찍 왕의 지배에서 벗어난 거야.

영국과 다르게 프랑스는
여전히 왕과 귀족의 힘이 강했어.
몇 안 되는 성직자와 귀족들이
높은 관직과 많은 땅을 독차지하고 있었어.
물론 세금을 내지 않으면서 말이야.

그에 비해 평민들은
무거운 세금에 시달리면서도
권리는 하나도 없었어.
사업을 해서 부자가 된 도시민들은
정치에 참여할 수 없는 것에 분통을 터뜨렸지.

계속되는 전쟁과 사치로 나라 살림이 어려워지자
프랑스 왕도 세금을 올리기 위해
성직자와 귀족, 평민 대표들을 불러 회의를 열었어.
물론 결론은 이미 정해져 있었어.
평민들의 세금을 올리기로 말이야.
성직자와 귀족 대표들은 한통속이었거든.

이건 불공평해!

성직자와 귀족은 재산이 많은데 왜 세금을 내지 않지?

우리가 내야 할 세금을 왜 저들이 결정하는 거야?

많은 국민을 대표하는 우리야말로 진짜 의회야.

세금을 올리지 마라!

성직자, 귀족만을 위한 법에 반대한다!

헌법을 만들 때까지 끝까지 싸울 것이다!

평민 대표들은 따로 회의를 열어 이렇게 결정했어.

왕은 평민들의 의회를 해산시키려 했어.

하지만 이 소식을 들은 파리 시민들은

바스티유 감옥으로 몰려갔어.

그곳은 왕에게 반대했던 사람들을 가두는 곳이었거든.

상공업자와 시민들이 앞장섰고

가난한 노동자와 농민, 여성들까지 함께 싸웠어.

치열한 전투 끝에 마침내 왕의 군대를 물리쳤지.

1789년 **프랑스 대혁명**이 일어난 거야.

왕을 대신해 권력을 잡은 의회는

곧바로 성직자와 귀족의 특권을 없애고

인간과 시민이 누려야 할 권리를 담은 선언을 발표해.

줄여서 **인권 선언**이라고 불러.

"모든 인간은 자유롭고 평등하게 태어났다.

생명, 안전, 자유, 그리고 저항의 권리는 빼앗을 수 없다.

나라의 주권은 국민에게 있다."

왕과 귀족의 지배가 무너지고

새로운 세상이 열린 거야.

프랑스 사람들은 감격했지만

이웃 나라 왕과 귀족들은 깜짝 놀랐어.

혁명의 불길이 자기 나라로 번질까 봐 두려웠던 거야.

그들은 프랑스 혁명을 방해하고 간섭하려 들었어.

"프랑스인이여, 무기를 들자!
혁명을 지키자. 조국을 지키자."

프랑스 사람들이 외국 군대에 맞서
혁명을 지키기 위해서 싸우고 있을 때
왕은 이웃 나라로 도망가려다 붙잡혔어.
분노한 시민들은 결국 왕을 끌어내리고
프랑스를 왕이 없는 나라, **공화국**으로 만들었어.
그리고 사람들 앞에서 왕의 목을 쳤지.
영주들의 땅을 농민에게 나누어 주고
모든 성인 남자들에게 투표권을 주고
누구나 교육을 받도록 하는 법을 만들었어.

그리고 혁명을 지켜야 한다며

다른 의견을 가진 사람들을 마구 처형했어.

너무 많은 사람이 날마다 죽어 나갔지.

이런 공포 정치에 사람들이 불만을 느끼면서

결국 혁명은 혼란에 빠졌지.

"혁명을 지키고, 프랑스를 구하기 위해 내가 왔다!"

나폴레옹은 외국과의 전쟁을 승리로 이끌면서 영웅이 된 사람이야.
그는 군대를 몰고 파리로 들어와 권력을 차지했어.

"경제를 안정시키기 위해 국립 은행을 세운다.
길이와 무게, 부피를 재는 단위를 미터법으로 통일한다.
모든 어린이는 자랑스러운 프랑스인으로 자라나도록
학교에 가서 프랑스어와 프랑스 역사를 배운다."

펑

펑

나폴레옹 만세!

나폴레옹은 혁명을 거치며 만든 법들을 정리해서
<나폴레옹 법>을 펴냈어.
모든 국민은 법 앞에 평등하고
개인의 자유와 재산은 함부로 빼앗을 수 없다는 것이
법에 분명하게 새겨졌지.

나폴레옹은 프랑스 혁명을 전해 준다며
이웃 나라에 쳐들어갔어.
나폴레옹 군대는 승리를 거듭했고
프랑스 사람들은 크게 기뻐했어.

"나폴레옹 만세! 프랑스 만세!"

나폴레옹이 이끄는 프랑스 군대가
이웃 나라 왕과 귀족의 군대를 무찌르고
여러 나라에 새로운 정부를 세우자
프랑스군을 환영하는 사람이 많았어.

"이제 우리도 왕과 귀족의 지배에서 벗어나게 됐어.
자유 만세! 평등 만세! 프랑스 혁명 정신 만세!
<나폴레옹 법>이 우리 나라에도 적용될 거야."

하지만 이런 감탄이 오래가지는 않았어.
프랑스군이 정복자처럼 행동했거든.
무엇보다 혁명을 지키겠다던 나폴레옹이
스스로 황제의 자리에 올라 혁명을 배신했어.
그리고 자신의 형을 에스파냐 왕으로 앉혔지.
저항하는 에스파냐 사람들을 마구 죽이면서 말이야.

에스파냐 왕으로
우리 형 어때?

싫다고 하면
다 죽겠지?

"나폴레옹도 결국 욕심 많은 침략자일 뿐이야.
우리는 에스파냐인, 프랑스의 지배를 받을 순 없지.
프랑스 군대에 맞서 싸우자."

자유와 평등을 향한 외침이 터져 나왔어.
나폴레옹이 전파한 프랑스 혁명의 정신이
나폴레옹에 반대하는 목소리를 키워 낸 거야.

유럽을 거의 다 차지한 나폴레옹은
영국을 굴복시키기 위해 봉쇄령을 내렸어.
영국과 물건을 사고팔지 못하게 항구를 막은 거야.
그런데 러시아가 이 명령을 어기고 영국과 무역을 했어.
화가 난 나폴레옹은 직접 군대를 이끌고 러시아로 출동했지.

프랑스군은 러시아 땅 깊숙이 쳐들어갔지만
러시아군은 끝까지 프랑스군에 맞서 싸웠어.
결국 식량이 떨어지고 매서운 추위가 닥쳐오자
프랑스군은 돌아갈 수밖에 없었어.

유럽의 나라들은 다시 손을 잡고 프랑스를 공격했어.

결국 프랑스는 패배했고 나폴레옹은 포로 신세가 되었지.

나폴레옹에게 쫓겨났던 왕과 귀족들이 다시 돌아왔어.

나폴레옹을 물리친 유럽 여러 나라는
오스트리아 빈에 모여 회의를 열었어.

"혁명이니 전쟁이니 정말 끔찍했어요.
나폴레옹이 바꿔 놓은 국경선을 되돌립시다.
왕과 귀족의 지위도 혁명 이전으로 되돌려야지요.
왕실과 귀족의 땅도 다시 돌려받아야 합니다."

혼인 관계로 서로 얽혀 있던
유럽 여러 나라의 왕과 귀족들은
프랑스 혁명 이전으로 되돌아가려고 했어.
쫓겨났던 왕실이 다시 자리를 차지하고
귀족들도 예전의 권력과 재산을 되찾았지.
그에 따라 자유와 평등을 외치는 것도
민족의 독립과 통일을 부르짖는 것도 모두 금지되었어.
세상은 다시 옛날로 돌아간 듯 보였어.

프랑스에도 다시 왕이 돌아왔어.

새로운 왕은 의회를 없애고 자유를 짓밟았지.

하지만 한번 자유의 공기를 맛본 사람들은

이런 억압을 참을 수가 없었어.

시민들은 다시 들고 일어나

왕을 몰아내고 새로운 왕을 세웠지.

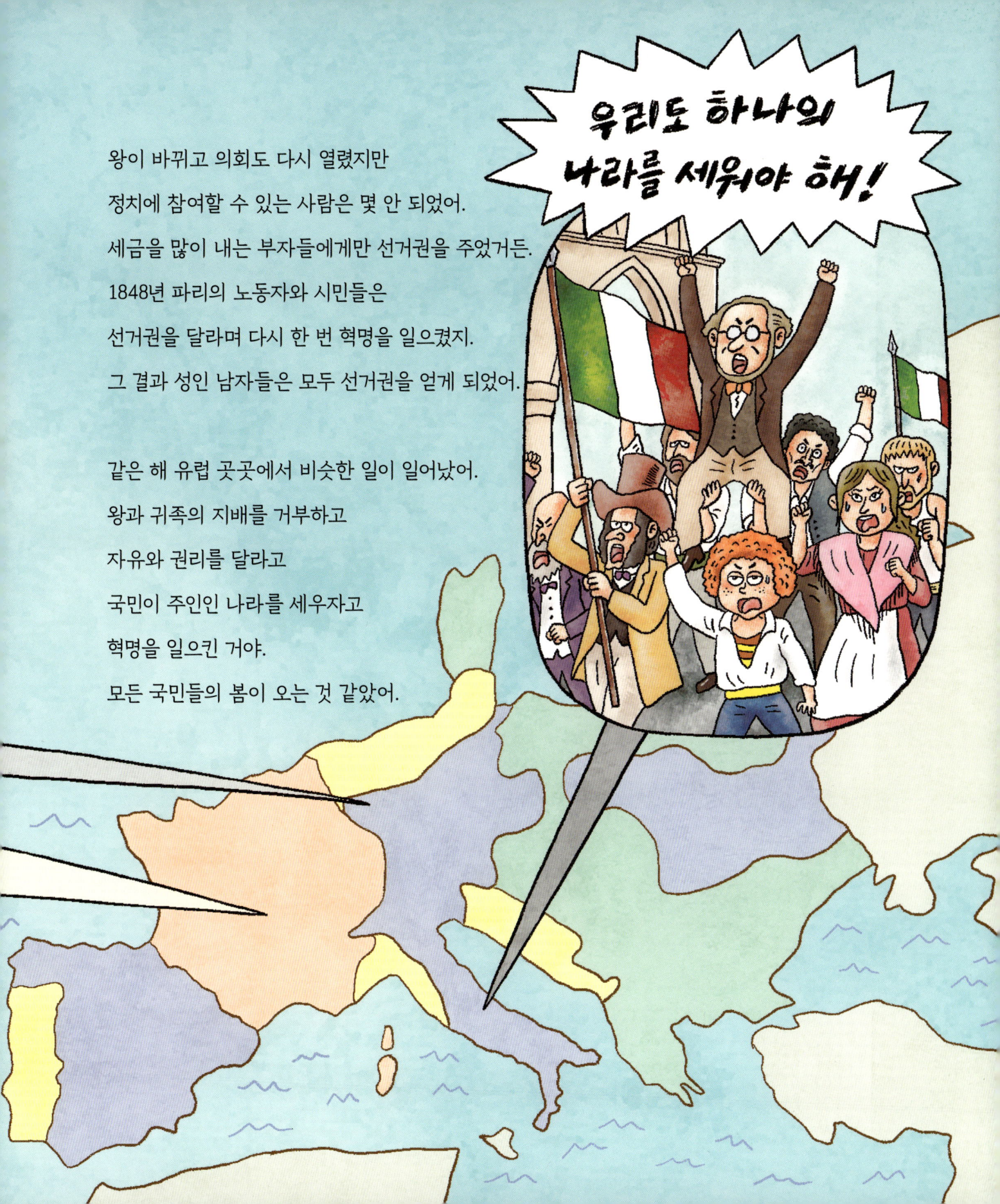

왕이 바뀌고 의회도 다시 열렸지만
정치에 참여할 수 있는 사람은 몇 안 되었어.
세금을 많이 내는 부자들에게만 선거권을 주었거든.
1848년 파리의 노동자와 시민들은
선거권을 달라며 다시 한 번 혁명을 일으켰지.
그 결과 성인 남자들은 모두 선거권을 얻게 되었어.

같은 해 유럽 곳곳에서 비슷한 일이 일어났어.
왕과 귀족의 지배를 거부하고
자유와 권리를 달라고
국민이 주인인 나라를 세우자고
혁명을 일으킨 거야.
모든 국민들의 봄이 오는 것 같았어.

우리도 하나의 나라를 세워야 해!

1848년 독일에서도 혁명이 일어났어.

그리고 하나의 독일을 만들기 위해 의회가 열렸지.

그때까지 독일은 수십 개의 작은 나라로 쪼개져 있었거든.

하지만 이 시도는 실패하고 말았어.

각 나라의 입장이 서로 달랐을 뿐 아니라

군대의 힘으로 혁명을 눌렀기 때문이야.

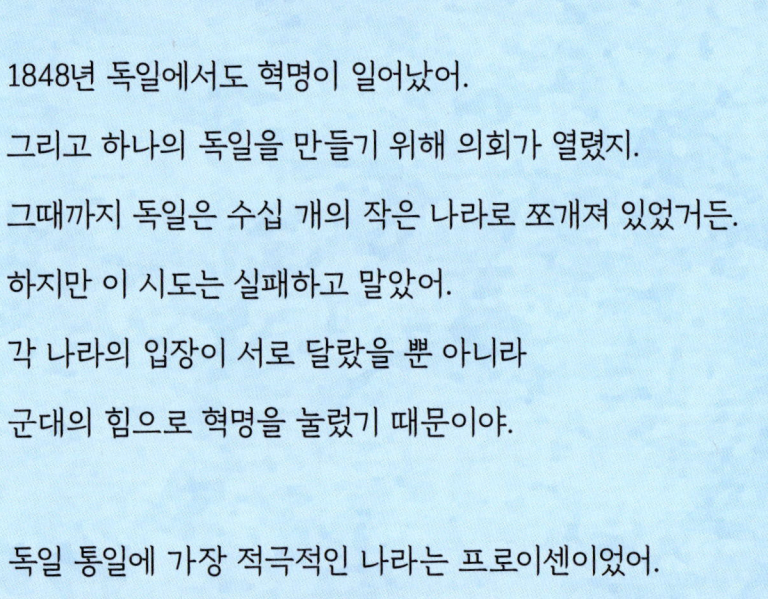

독일 통일에 가장 적극적인 나라는 프로이센이었어.

프로이센의 총리 비스마르크는

의회에서 말로 떠든다고 통일이 되지는 않는다며

오직 '철과 피'로만 할 수 있다고 주장했어.

무기를 갖추고 전쟁을 통해 통일을 이루겠다는 거야.

그의 말대로 프로이센은 꾸준히 군사력을 길러서

독일 통일을 방해하던 이웃 나라

덴마크, 오스트리아, 프랑스를 차례로 물리치고

마침내 1871년에 독일 제국을 세우는 데 성공했어.

이탈리아도 오랫동안 여러 나라로 나뉜 채
프랑스, 오스트리아의 간섭을 받고 있었어.
1848년 이탈리아에서도 혁명이 일어나
'로마 공화국'이 세워졌지만
곧 오스트리아에 진압되어 버렸어.

이후 사르데냐 왕국이
이탈리아의 통일을 이끌었어.
프랑스의 도움을 받아 오스트리아를 물리치고
이탈리아 북부와 중부를 통일했지.

한편 가리발디는 뜻을 같이하는 사람들을 모아서
군대를 만들고 남부 대부분을 점령했어.
가리발디는 공화국을 세우고 싶었지만
그보다는 통일이 먼저라고 생각해서
자신이 차지한 영토를
사르데냐 왕국에 바쳤어.
그 결과 이탈리아 왕국이 탄생했지.

통일이 먼저지요.

바다 건너 영국은 혁명의 불길을 피해 갔어.

이미 의회가 나랏일을 맡고 있었기 때문이지.

하지만 의원이 되거나 의원을 뽑을 수 있는 사람은

귀족이나 땅을 많이 갖고 있는 사람들뿐이었어.

나중에는 산업 혁명을 통해 부자가 된 자본가들도

선거권을 얻어 내서 정치에 참여하게 되었어.

산업 혁명이 진행되면서 노동자가 빠르게 늘어났지만

그들에게는 권리가 하나도 없었어.

"21세 이상 모든 남자에게 선거권을 달라!
재산이 있어야만 의원이 될 수 있다는 조건을 없애라!"

노동자들은 선거권을 달라는 운동을 펼쳤지만
귀족과 부자들로 이루어져 있던 의회는 들어주지 않았지.
그러나 노동자들의 요구는 갈수록 거세졌고
결국 법을 고쳐서 선거권을 확대할 수밖에 없었어.

1848년 유럽 전체에 솟아오르던 혁명의 불꽃은
모두 꺼져 버린 것처럼 보였어.
하지만 여전히 왕이 있다 해도
이미 많은 것이 달라졌어.

우선 의회가 나랏일을 주도하게 되었어.
의원들도 처음에는 귀족 출신이 대부분이었지만
나중에는 상공업자, 시민 출신이 많아졌어.
노동자나 농민들도 점점 투표권을 갖게 되었어.

같은 민족끼리 통일을 이뤄 새로운 나라가 생겨났고

귀족들이 제각각 다스리던 지방도 이제 나라의 한 부분이 되어

같은 기준으로 세금을 내고 같은 법이 적용되었지.

어린이들은 누구나 학교에 가서

그 나라 국민이 되는 데 꼭 필요한

말과 글, 역사를 공부하고

애국심을 가져야 한다고 배우게 되었어.

그 전까지는 왕과 귀족의 나라였다면

이제 국민 전체를 아우르는 나라로 탈바꿈한 거야.

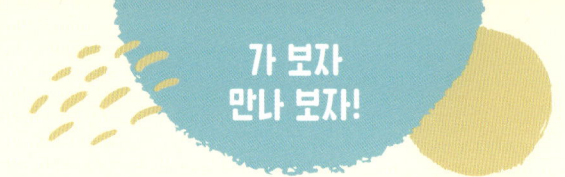

국민 국가를 이루기 위해 싸운 혁명의 장소들

영국 런던의 의사당, 웨스트민스터 궁전

영국에는 오래전부터 의회가 있었어. 왕이 머무는 웨스트민스터 궁전 안에 의회도 같이 있었지. 그런데 1834년에 큰불이 나서 궁전이 거의 다 타 버렸대. 이후 왕실은 빅토리아 여왕이 새로 지은 버킹엄 궁전으로 옮겨 갔고, 원래 자리에 다시 세워진 웨스트민스터 궁전은 의회가 사용하는 의사당이 된 거야. 의사당 북쪽 끝에 유명한 시계탑과 빅벤이 있어. 동쪽에는 왕의 대관식이나 결혼식, 장례식이 열리고 왕이나 유명한 사람들이 묻히는 웨스트민스터 사원도 있지.

의회가 열리고 있는 의사당 내부

베르사유 궁전 안에 있는 거울의 방

7월 혁명 기념탑

프랑스 파리의 베르사유 궁전과 바스티유 광장

태양왕으로 불리며 절대 권력을 누렸던 루이 14세는 파리 근처 시골 마을에 엄청나게 크고 화려한 궁궐을 지었어. 바로 베르사유 궁전이야. 루이 14세는 이곳으로 귀족들을 불러 파티를 열며 왕에게 충성을 맹세하도록 했대. 그의 손자 루이 16세가 세금을 올리기 위해 성직자와 귀족, 평민 대표를 불러 회의를 열게 한 곳도 바로 여기야. 회의의 결정에 평민 대표들이 반발하고, 파리 시민들이 왕에 맞서 바스티유 감옥을 습격하면서 프랑스 혁명이 시작되었지. 그때 바스티유 감옥은 무너졌고 혁명 기간에는 그 자리에 교수대가 설치되기도 했대. 바스티유 광장에는 50미터가 넘는 기념탑이 서 있는데, 이 탑은 1830년에 일어난 7월 혁명을 기념해 세운 거야.

베르사유 궁전

자유와 평등을 외친 혁명의 시대를 알아봐요

영국의 입헌 군주제와 의원 내각제에 대해 알려 주세요

오늘날 정부의 형태는 크게 대통령제와 의원 내각제로 나누어요. 미국이나 우리 나라는 대통령을 뽑아 나라를 대표하도록 하고, 행정부를 맡기죠. 의회는 이와 별 개로 구성되어 행정부를 견제하고요. 영국이나 일본은 의원 내각제로 나라를 다 스려요. 의회의 다수당 대표가 총리가 되고 의원들이 장관이 되어 내각, 즉 행정 부를 구성하죠. 영국이나 일본은 왕이 여전히 있는 입헌 군주제 국가이기도 해요. 군주가 형식상 나라를 대표하기 때문이지요.

프랑스 혁명의 빛과 어두움에 대해 이야기해 봐요

프랑스 혁명은 자유와 평등을 외치며 왕과 귀족의 지배에서 벗어나 국민 국가로 나아간 중요한 사건이에요. 하지만 그 과정에서 많은 혼란과 희생이 있었죠. 로베 스피에르는 혁명을 지켜야 한다는 명분으로 반대파를 무자비하게 처형했고, 나 폴레옹도 유럽을 상대로 전쟁을 벌여 많은 병사를 희생시켰죠. 이 과정을 지켜본 사람 중에는 혁명을 비판하고, 원래의 사회 질서를 조금씩 고치면서 지켜 나가야 한다는 사람도 생겨났어요. 보수주의가 이때 등장해요.

국민 국가가 이전의 국가와 다른 점은 무엇인지 알아봐요

프랑스 혁명 이후 유럽은 국민 국가로 나아가요. 국민 국가는 국민이 하나의 공 동체로 통합되어 나라의 중심이 되었다는 뜻이에요. 그 전의 국가가 왕과 성직자, 귀족들의 동맹체였다면 이제 국민 대다수가 나라의 주인공이 된 거죠. 국가의 주 권이 국민에게 있는 민주 국가와 비슷해 보이지만, 초기의 국민 국가는 여전히 왕 이나 특권 신분이 있고, 보통 선거와 의회 제도가 확립되지 않아 민주 국가라 보 기는 어려워요. 현재 대다수 나라는 민주적인 국민 국가를 지향합니다.

글 박선희

연세대학교 사학과를 졸업하고, 중학교 남자아이들에게 둘러싸여 복닥대며 살고 있습니다. 아이들이 세계의 역사를 배우면서 이 넓은 세상에 호기심을 가지면 좋겠습니다. 나와 다른 방식으로 살고 있는 사람들을 이해하고, 그들과 어울려 평화롭게 살아가기를 바랍니다. 함께 쓴 책으로 《제대로 한국사》, 《개념 잡는 초등 세계사 사전》이 있습니다.

글 이성호

연세대학교 사학과를 졸업하고, 꽤 오랫동안 중학교에서 역사를 가르치고 있습니다. 삶이 단순하지 않은 만큼 역사도 쉽지 않은 것이 당연하지만, 그래서 더 재미가 있다고 생각합니다. 그 재미를 어린이들과 나누는 일에 관심이 많습니다. 전국역사교사모임 회장을 지냈으며, 함께 쓴 책으로 《한 컷 세계사》, 《살아있는 세계사 교과서》, 《나의 첫 세계사 여행》, 《초등학생을 위한 맨처음 세계사》 등이 있습니다.

그림 이경석

기발하고 웃음 가득한 그림을 그리고 싶은 만화가 일러스트레이터입니다. 만화책 《좀비의 시간》, 《을식이는 재수 없어》 등을 쓰고 그렸으며, 그린 책으로는 《구드래곤》, 《쌍둥이 탐정 똥똥구리》, 《통신문 시리즈》, 《하루 15분 질문하는 세계사》, 《그래서 이런 고사성어가 생겼대요》, 《가짜 가족》, 《온실가스 248kg을 없애려면 참나무 17그루가 필요해》, 《석주명》, 《유령 유실물 보관소》, 《우리들의 히든 스토리》 등이 있습니다.

알록달록 첫 세계사 12 왕의 나라에서 국민의 나라로 **혁명의 시대**

1판 1쇄 펴낸날 2025년 9월 22일
글 박선희·이성호 | 그림 이경석 | 펴낸이 김상원 | 편집인 정미영 | 디자인 신혜영·소년
펴낸곳 상상정원 | **출판등록** 제2020-000141호 | **주소** (05691) 서울시 송파구 삼학사로 6길 33, 1층
전화 070-7793-0687 | **팩스** 02-422-0687 | **전자우편** ss-garden@naver.com
사진 출처 셔터스톡

글 ⓒ 박선희·이성호, 2025   그림 ⓒ 이경석, 2025
ISBN 979-11-92554-12-9 74900
ISBN 979-11-974703-4-9 (세트)